D1665028

# SophieLi und Evelyn Apfelblüte

## Apfelblüten Symphonie

ॐ

# Band 1

SophieLi und Evelyn Apfelblüte

ॐ

# Apfelblüten Symphonie
## Gedichte von Humor bis Melancholie

Impressum
© 2015 SophieLi und Evelyn Apfelblüte
Titelbild: SophieLi
Covergestaltung: Nico Miceli
Illustrationen: SophieLi
Druck und Verlag: epubli GmbH, Berlin, www.epubli.de
ISBN 978-3-7375-6758-9 Printed in Germany
Bibliografische Information der Deutschen Nationalbibliothek
Die Deutsche Nationalbibliothek verzeichnet diese Publikation in
der Deutschen Nationalbibliografie; detaillierte bibliografische
Daten sind im Internet über http://dnb.d-nb.de abrufbar.

Für drei ganz besonders wertvolle Menschen in meinem Leben.
Meine Tochter, meinen Lebenspartner & meine Freundin seit
Kindheitstagen.

Meine Gedichte sind Euch gewidmet!
Für Eure Liebe, für Eure Freundschaft & Euren aufrichtigen
Glauben an mich.

❧

Menschen begegnen einander manchmal auf seltsame Weise.
Aus solchen Begegnungen wachsen mitunter wunderbare
Möglichkeiten, wenn man sich darauf einlassen kann.

*Liebe Evelyn*
Danke, für Dein Vertrauen auf unserem gemeinsamen
Weg der Poesie.

Meine Bilder widme ich Dir!
Mir Deiner Begeisterung dafür hast Du mir Wege aufgezeigt, die ich
selbst niemals entdeckt hätte.

*SophieLi*

❧

Für alle meine Lieben und Freunde.

Danke, dass es Euch gibt!

Und natürlich für Dich, liebe SophieLi, da Du es mit Deinem
Engagement und Deinem Enthusiasmus überhaupt erst möglich
gemacht hast, dass die „Apfelblüten Symphonie" so schnell
entstehen konnte.

Herzlichst,
Eure *Evelyn Apfelblüte*

# Inhalt

In Erinnerung an meinen Großvater
H.B.
Bild von 1969

*SophieLi*

## Apfelblüten Symphonie

Die Apfelblüten Symphonie
schwingt leise durch die Lüfte
begleitet vom Klang der Poesie
versprüht sie ihre Düfte

Wenn sich Menschen nun begegnen
die sich niemals vorher sahn
dann enthüllt das Leben plötzlich
einen ganz besonderen Charme

Deshalb sollte man's genießen
wenn die Stimmung sich erhebt
und das Glück in allen Ecken
voller Vorfreude erbebt

Denn so manches geht recht einfach
kommt ganz unerwartet her
und es lächelt und sagt leise
*Dieses Leben bietet mehr*

Heute sind wir uns begegnet
laden Sie nun dazu ein
für die nächste halbe Stunde
unsre Gastleser zu sein

Lassen Sie sich jetzt verwöhnen
von leichten, als auch schweren Tönen
von den Zeilen, die wir schrieben
von den Worten, die wir lieben

Herzlichst,

Ihre *SophieLi & Evelyn Apfelblüte*

## Hereinspaziert

Willkommen in unsrer kleinen Welt
wir hoffen, Sie fühlen sich wohl
sind wirklich gespannt, ob es Ihnen gefällt
und am Ausgang gibt's Suppe mit Kohl

Vorab möchten wir Sie
höflich bitten
und servieren versöhnlich
ein paar schmackhafte Quitten
die Logik bleibt draußen
wartet mit dem Verstand
dort drüben in der Ecke
gleich neben der Wand

Was wir Ihnen bieten
ist zuweilen surreal
dessen sein Sie sich bitte bewusst
denn zu viel Reales
das woll'n wir gestehen
(*Sie dürfen es gerne auch anders sehen*)
bereitet uns leidlichen Frust

Wenn Sie Ernstes erwarten
voller Sinn und Verstand
reichen wir Ihnen besser
zum Abschied
gleich jetzt unsre Hand

Denn dann
können wir nichts bieten
was von Herzen Sie erfreut
auch wenn dieser Verlust
unser Ego nicht reut

Die Geschmäcker sind
nun mal verschieden
was der eine mag
wird vom andern gemieden

Der letzte Gast
so hörten wir
*er saß im Lichtschein*
*öliger Funzeln*
sprach am Ende der Reise
auf wohlige Weise
ganz leis'
und
mit einem Schmunzeln

*„Die besten Geschichten*
*so ist das eben*
*schreibt nur allzu oft*
*das eigene Leben."*

© *SophieLi*

## Sechzehn Schwalben

Sechzehn Schwalben kreisen
auf flinken, schnellen, flatterleisen
Schwingen vor dem Fenster.
Schwarz-weiße Gespenster
am Tag in der Sonne
tschilpen: „Es ist eine Wonne!
Zu fliegen!
Und die Schwerkraft zu besiegen!"

Sechzehn Schwalben füttern
durch nichts zu erschüttern
ihren Nachwuchs im Fluge
und eine ganz besonders kluge
gibt's auch den Schwächsten im Nest
und überlässt ihnen den Rest.
In kleinen Schnäbeln dann stecken
Mücken, die uns nicht mehr necken.

Sechzehn Schwalben kehren
ihren Wurzeln zu Ehren
jeden Frühling zurück
doch manche haben kein Glück.
Ein paar gehen verloren
bleiben nicht ungeschoren
von spiegelndem Fensterglas
und enden als Bürgersteig-Fraß.

© *Evelyn Apfelblüte*

## Der Angriff der Speckwürfel

In meiner Pfanne hüpft der Speck,
da: „POW!"
sich ducken hat jetzt kaum noch Zweck,
das Stück fliegt los, die Sau!

Saust knapp an meiner Stirn vorbei,
fliegt einen Bogen in Richtung Tisch
landet auf dem Teller mit Frühstücksei,
da macht es wieder „PENG!" und „ZISCH!"

Und ja, schon wieder muss ich mich ducken,
mich schnell bewegen, um mich zu retten,
muss in eleganten Pirouetten zur Seite zucken,
vor Speckwürfelbomben und heißen Fetten.

In einer Tour kommen sie geflogen,
ich vollführe einen Affentanz,
doch ich schwöre, es ist nicht gelogen,
der heiße Speck verfehlt mich ganz.

Wie lauter kleine Projektile,
schießen sie an mir vorbei.
„PFFIIIUUH!" und „SSST!" es sind so viele,
oh, Gott der Köche – steh' mir bei!

Zum Schluss die Küche ist gespickt,
und meine Pfanne ist fast leer,
tja, dumm gelaufen, wie ungeschickt,
für's Frühstücksei reicht's nimmermehr.

*Für Nico*

© *Evelyn Apfelblüte*

## Ein guter Tag

Einmal etwas Ungeschicktes machen,
und dann ganz laut darüber lachen.

Einmal ohne Worte verstehen,
und andere Menschen strahlen sehen.

Einmal etwas Gutes lesen,
sich wohlfühlen im Autoren-Wesen.

Einmal Faulenzen in der Sonne,
mal alle Sorgen in die Tonne.

Einmal einfach zufrieden sein,
und ist das Glück auch noch so klein.

Einmal ist es ein guter Tag,
den man immer wieder erleben mag.

© *Evelyn Apfelblüte*

SophieLi
2015

12

## Glück

Glück ist wenn der Himmel lacht
ein Brausedrops im Munde kracht
wenn Honigbienen leise summen
und sich die Amseln friedlich tummeln

Bei Erdbeereis und Milchcafé
im Sande pulen mit dem Zeh
ein Staubkorn aus den Haaren klauben
und Albernheiten mir erlauben

Wenn alles vergessen
was Sorgen mir macht
und ich gar nicht mehr weiß
was die Sorgen entfacht

Wenn ich vor Freude
nur Schönes noch seh'
und
ehrlich zu mir selber steh'

Dann weiß ich
das Glück ist nah bei mir
es steht mir zur Seite
es steht auch bei dir

© SophieLi

## Das Pech und das Glück des Lebens

Auf dem Dach, da steht ein Reiher,
starrt hinunter auf den Weiher,
denn dort im Wasser ist ein Frosch.

Der Reiher sieht ihn unten schwimmen,
peilt – der Winkel wird schon stimmen,
stürzt auf den Frosch sich runter – „WOSCH!"

Doch der Frosch, der springt zur Seite,
und sucht mal eben schnell das Weite,
da macht es hinter ihm laut: „PLATSCH!"

Der Reiher bleibt im Moder stecken,
kann grad noch so den Kopf rausstrecken,
steht knietief dann im Matsch.

Im Schilf der Frosch, er kichert stumm,
denkt: Mann, was ist der Reiher dumm!
Ich lass mich doch nicht einfach fressen!

Mit den Flügeln schlägt der Reiher,
erhebt mit Schwung sich aus dem Weiher,
will seinen Fehlschlag nur vergessen.

Er setzt sich wieder auf das Dach,
denkt über etwas anderes nach,
tut, als ob nie was gewesen ist.

Der Frosch im Schilf entdeckt 'ne Fliege,
die Zunge schnellt, führt ihn zum Siege,
und er in Seelenruhe frisst.

So ist's mit dem Pech und Glück des Lebens,
des einen Streben bleibt vergebens,
der andere kriegt den Magen voll.

Der eine ist mit sich zufrieden,
hat jedes Pech mit Glück gemieden,
der andere fragt sich, was das soll.

© *Evelyn Apfelblüte*

## Das zauberhafte Liebespaar

Ein zauberhaftes Liebespaar
das schaute sich glückselig an
die Dame mit gar prächtigem Haar
dazu ihr Supermann

Die Geschichte begann
vor etlichen Jahren
damals
als wir alle noch jünger waren

Sie saß an einem Zaubersee
fernab jeder Idylle
er ritt auf einem scheuen Reh
sein Haar
es stand in Fülle

Im Hintergrund der Ginster stand
die Rosen und „Begonen"
als er die holde Dame fand
dacht er
*wird sich schon lohnen*

Er sah sie an
sie sah zurück
dass sie sich sahen
*welch´ ein Glück*

Der Mann ritt hin und lud sie ein
*willst du nicht bei mir leben*
sie nickte fromm
*gern bin ich dein*
nach Höherem wollte sie streben

So stieg sie zu ihm
hinauf auf das Reh
dem wurde es indes
Angst und Bange

Es fragte sich zweifelnd
*wie schaff' ich das nur*
*zwei Menschen dort oben*
*die reinste Tortur*
und es
seufzte
*das schaff' ich nicht lange*

Der Ritt wurde
spannend
das Reh flog dahin
der Mann
er hatte nichts Arges
im Sinn

Die holde Dame
indes
ihr Kopf wurde rot
vergaß Atem zu holen
war am Ende dann tot

Das Reh
kam letztendlich
auch zum erliegen
denn Rehe können nun mal
nicht fliegen
schon gar nicht
mit so schwerer Last
die mehr als einen Menschen
fasst

Der einsame Mann
ist alles was blieb
heut' hat er eine andere lieb
und statt des Rehs
nehmen sie lieber das Rad
doch davon zu dichten
war mir einfach zu fad'

Und die Prämisse
von der Geschicht'
die kenn' ich leider
selber nicht

**Facetten der Liebe**

Die Liebe
schmeckt wie Apfelmus
wie Zucker im Gelee
sie schmeckt wie Omas Blaubeerkuchen
und teures Praliné

Die Liebe
riecht nach Zucker und Zimt
wie Parfüm
von dem man 'nen Nachschlag sich nimmt
sie riecht nach frischen Gartenkräutern
muss ich's genauer noch erläutern

Die Liebe
klingt wie Meeresrauschen
wenn nachts man liegt
am Strand
man nur noch mag den Wellen
lauschen
und sich räkeln im warmen
Sand

Die Liebe
spürt man tief im Bauch
wenn zärtlich man sich
in die Augen schaut
wenn man
nichts anderes
als
den anderen mehr sieht
und tief in sich spürt
wie sehr man ihn
liebt

Die Liebe
sieht aus wie Morgentau
wenn man spazieren geht
sie wirkt wie ein
zartes Rosenbouquet
aber jetzt wird's Klischeehaft
*oh weh*

Für dich
sieht die Liebe ganz anders aus
und damit hast du schon Recht
denn wenn sie bei allen identisch wäre
*mein Gott*
*das wäre sehr schlecht*

Drum
genieße die Liebe
so wie sie kommt
und
greif zu
wenn sie dir erscheint
denn wie sie auch wirkt
ist letztlich egal
viel wichtiger ist's
das sie vereint

Denn
vereint sie zwei
Menschen
die sich irgendwo finden
und
zueinander steh'n
die glücklich ihre Zeit genießen
und
miteinander geh'n

Was kann's
Schöneres wohl geben
als diese Liebe
nach der wir alle seit jeher streben
wir tun es
seit Anbeginn der Zeit
und
wahrscheinlich bis weit in die Ewigkeit

*Ach*
*wie wär das Leben fade*
*ohne Liebe*
*einfach schade*

Doch
meiner Worte nun genug
geht raus und sucht sie

*Habt nur Mut!*

*Für meinen Lebenspartner*

© *SophieLi*

## Amor und Eros

Der Amor und der Eros, die liefern sich 'nen Streit,
gegen welchen seien die Menschen wohl am wenigsten gefeit,
„Ich beschieße sie mit Pfeilen,
sagt Amor, „und in Liebe sie verweilen!"
Da Eros lacht.
„Die Lust mein Freund, ist von beiden doch die stärk're Macht!
Du wirst schon gleich sehen,
wie in Gier sie vergehen,
durch meine erotischen Bilder,
werden sie immer wilder,
und die Liebe, so sei ihre Wahl,
ist ihnen dann mehr als egal."

Da gesellt sich Aphrodite, mit ihrem schönen Schein,
wie ein Engel lächelnd, hin dann zu diesen Zweien.
„Das was ihr da redet, das ist doch alles Quark.
So tut euch doch zusammen, dann seid ihr richtig stark!
Vereint sogleich die Liebe, mit grenzenloser Lust,
tut den Menschen den Gefallen, beendet ihren Frust!"

Das musst du gerade sagen, sagt Eros lachend da,
die Schönheit ist's, woran es hakt, das ist doch jedem klar,
denn sie war ja schon immer, unser beider erstes Ziel,
für Amor, ja, und auch für mich, weil sie immer uns gefiel.
So send ich meine Bilder immer wieder zu ihr hin,
und Amor schießt die Pfeile, den Schönen unters Kinn,
denn Aphrodite du, warst immer stärker als wir,
so sei anbei die Göttermacht, von nun an ganz bei dir.

So sendet Eros von Aphrodite sich Bilder,
und Amor beschießt sich mit Pfeilen wie ein Wilder.
Danach die Aphrodite, nur noch strahlt und ganz laut lacht,
denn jetzt hat sie für alle Zeit, die Liebesgöttermacht.

© *Evelyn Apfelblüte*

# Liebe

Liebe ist nicht das, was immer alle sagen,
Liebe ist Vermissen und ein Haufen Fragen,
Liebe – das ist Bangen, um die Menschen, die man liebt,
Liebe – das ist Glück, das es nur selten gibt.

Liebe ist nicht das, was immer alle meinen,
Liebe ist Verzweifeln, um die Geliebten weinen,
Liebe – das ist Sehnsucht, die einen ganz verzehrt,
Liebe – das ist Hoffen, wenn Liebe sich verwehrt.

Liebe ist nicht das, was immer alle denken,
Liebe ist "sich geben" und "sich voll und ganz verschenken",
Liebe – das ist Wollen, oft was man nicht haben kann,
Liebe – kann auch Sex sein, und sei's nur dann und wann.

Liebe ist nicht das, was immer alle glauben,
Liebe kann das Leben, und auch den Schlaf dir rauben,
Liebe – das ist Freiheit, die einen ganz gefangen hält,
Liebe – das ist Anfang und Ende einer Welt.

Liebe ist nicht das, was manche sich erträumen,
Liebe ist nicht käuflich, und wächst auch nicht auf Bäumen,
Liebe – das ist schwach sein und zugleich unendlich stark,
Liebe – das ist Lieben, all die Menschen, die man mag!

© *Evelyn Apfelblüte*

## Versprechen brechen

Hast versprochen
du beschützt mich
bis der Tod
die Scheidung bringt
doch wie konnt' ich
damals ahnen
das dir dieses nicht gelingt

Aus der Liebe
die wir hatten
bist du kampflos
abgehauen
hast mich dort
zurückgelassen
warfst mir vor
ich würd's versauen

Hab gepackt
die sieben Sachen
bin entschlossen
losmarschiert
doch den Grund
für meinen Fortgang
hast bis heut'
du nicht
kapiert

Es gibt Menschen
die sind mutig
wenn sie fremde Wege gehen
auch wenn Angst
sie davor haben
weil den Ausgang
sie nicht sehen

Du mein Freund
bist einer jener
der viel lieber
stehen bleibt
denn die ausgelatschten Wege
bedeuten zugleich
auch
Sicherheit

Kannst von mir aus
ewig warten
auf den einzigen Moment
wenn du glaubst
du kannst mir folgen
*nein*
die Chance hast du verpennt

Liebe heute einen andren
weißt du
einen richtigen Mann
der in vielem so viel besser
als einer wie du
je seien kann

Dessen Worte
sind stets offen
und auch
deutlich zu verstehen
und ich hoff'
nach all den Jahren
muss ich dich
nie wieder seh'n

© *SophieLi*

**Alles eins**

Männer so
im Allgemeinen,
sind nicht alle
solche „Penner"
wie manche Feministinnen meinen.

Sicher gibt es
überall
Idioten, die recht übel sind,
doch das ist – nicht zu vergessen,
auch unter Frauen oft der Fall.

Menschen sind,
so grundverschieden,
Männlein, Weiblein, Charaktere,
drum Vorurteile über Geschlechter
grundsätzlich besser seien vermieden!

© *Evelyn Apfelblüte*

## Herzschutz

Ein Herz, das zu oft angegriffen worden ist,
baut eine Mauer.
Um sich abzuschotten.
Gegen alles was kommt.

Keine Waffe wird diese Mauer mehr einreißen können.
Kein Wort.
Kein Lächeln.
Keine Umarmung.
Kein Kuss.

Denn nichts ist stabiler als eine Wand aus Enttäuschungen.
Gebaut aus den Granitziegeln des Schmerzes.
Zusammengehalten mit dem Mörtel der Wut.
Verputzt mit der Farbe der Einsamkeit.

Nur ab und zu schaut das Herz über die Mauer und empfindet
kurze Momente des Glücks über das, was es dahinter sieht.
Dann empfängt es Worte und antwortet.
Freut sich über ein Lächeln.
Eine Umarmung.
Einen Kuss.

Aber die Mauer bleibt.
Zur Sicherheit.
Und das Herz ist bereit, sich jederzeit wieder dahinter
zurückzuziehen.

*© Evelyn Apfelblüte*

SophieLi
2015

30

## Du bist da

Vor so vielen langen Jahren
kam ein kleines Kind zu mir
schloss es glücklich in die Arme
dachte
*endlich bist du hier*

Hab' so lang auf dich gewartet
jeden Tag ein bisschen mehr
und ich weiß
solang ich lebe
geb' ich dich niemals mehr her

Du bist alles
was ich habe
habe dich unendlich lieb
weiß seitdem das Liebe weh tut
wie ein scharfer Peitschenhieb

Die Verbindung
die wir haben
kann uns keiner jemals nehm'
doch ich muss dem Wunsch des
Klammers
trotz des Wissens widersteh'n

Denn der Tag
er wird bald kommen
ist doch klar
du bist jetzt groß
denk' mit Schrecken
an den Fortgang
denke nicht
das wird famos

Drum hab Nachsicht
darum bitt' ich
wenn ich weinend vor dir steh'
und vor lauter Kummertränen
deinen Wunsch nicht richtig seh'

Deinen Wunsch auf jenes Leben
das dir ganz allein gehört
dieser Wunsch
der sich kein bisschen
an dem meinigen dann stört

Doch ich werd' dich gehen lassen
und dran denken wie es war
als ich selber zog von dannen
aus dem Elternhaus
fürwahr

Weißt du
Mütter träumen häufig
ihre Kinder blieben klein
würden dann auf ewig bleiben
immerzu bei Mama sein

Und wenn du dann
eines Tages
selber diese Mutter bist
wirst du wissen
wie's sich anfühlt
wenn dein Kind am Wünschen ist

*Für meine Tochter*

© *SophieLi*

# Kaleidoskop der Gefühle

Es dreht sich,
es dreht sich,
in mir dieser Kreis,
sodass ich,
sodass ich,
bald gar nichts mehr weiß.

Die Scherben vereinen,
sich zu einem Bild,
sich zu einem Scheinen,
aus düsteren Farben,
aus Schmerzen und Narben,
chaotisch und wild.

Kaleidoskop der Gefühle,
zeig mir, was ich will,
sonst lass das Gewühle,
in mir und bleib still.

Hör jetzt auf dich zu ändern,
dich immer zu drehen,
und bleib auch an den Rändern,
nun endlich mal stehen.

Lass nur ein Bild in mir drin,
und lass mich erkennen,
zeig mir jetzt, wer ich bin,
sonst werd' ich mich verrennen.

© Evelyn Apfelblüte

## Willst du schon geh'n

Auch wenn es nun mal so kommen muss
und ich den Grund versteh'
fühl' ich doch schmerzlichen Verdruss
und in meiner Seele tut's weh

So viele Jahre warst du hier
an jedem Tag ein Teil von mir
ich denke oft, du kamst erst gestern
wir waren so verbunden
wir waren wie Schwestern

Oder liegt vielleicht doch
mehr Zeit dazwischen
und muss ich die Erinnerungen gänzlich neu
mischen
wann war dieser Tag
wann wurde aus dir
wann wurde aus mir
dieses wunderbare Duo namens
*wir*

Jetzt ist er da
der verhasste Tag
du gehst jetzt auf die Reise
und wenn ich es auch gar nicht mag
leide ich still
auf meine Weise

Ich weiß genau, dies ist keine Schmach
und du wirst deinen Weg schon machen
zurück bleibe ich
und ich schaue dir nach
doch meinem Herzen ist nicht mehr
zum Lachen

Komm noch einmal her
und setz' dich zu mir
lass uns die Zeit vertreiben
erzähle mir mehr
nur ein Stück noch von dir
sag
magst du denn gar nicht mehr bleiben

Erinnerst du dich
Hand in Hand
du und ich
erklommen so manch' schweren Gipfel
zogen entschlossen voran
eine Armee aus zwei Mann
keiner da draußen
der uns beiden was anhaben kann

Du warst stets der Halt
in dieser
meiner Welt
bist der einzige Mensch
der mich aufrecht darin hält
deine Stärke hast du mir oft gegeben
und ließest mich hoch
in den Wolken
schweben

Was mir nun bleibt
das sind Kummer und Trauer
und Nostalgie ergießt sich wie ein
eisiger Schauer
rieselt boshaft über mein bedrücktes
Haupt
so schmerzhaft
das es mir beinah' die Sinne raubt

Nun geh'
nun geh' schon
es ist soweit
*Gott*
*ich hasse diese Endgültigkeit*
die Schwärze
die hinter der Aussage lauert
kalt und böse
mein Verstand
wie eingemauert

Nun geh'
doch lass auf deinem Weg
ein Stückchen von dir bei mir
damit ich weiß
wenn der Kummer sich regt
mein Kind
es ist immer noch hier

*Für meine Tochter*

© *SophieLi*

SophieLi
2015

37

### Freundschaft und Liebe

Nichts mehr dämpfen -
akzeptieren!
Was schon tief verwurzelt ist.

Nicht mehr kämpfen –
und verlieren!
Was man hinterher vermisst.

Nicht mit „Vernunft" ins Unglück streben -
nicht das Herz zum Schweigen bringen!
Verstand - er setzt erst später ein.

Denn die Gefühle wollen leben -
und die Seele möchte klingen!
Auch Freundschaft kann eine Form der Liebe sein.

© *Evelyn Apfelblüte*

# Ich erinnere mich an uns

Ich erinnere mich an damals
als wär's erst gestern her
ich stand vor unsrer Haustür
zu lächeln fiel mir schwer

Du standest gegenüber
in einem schmalen Kleid
du warst genauso schüchtern
zum Grüßen nicht bereit

Unsre Mütter saßen oben
am Fenster in aller Ruh'
und flüsterten ein jeder
beruhigende Worte zu

Letztlich ging ich rüber
was gab's schon zu verlier'n
ich nannte meinen Namen
und bot sogleich die Stirn

Seitdem sind wir befreundet
bald vier Jahrzehnte her
die Zeit verrinnt im Sande
Zeit finden ist so schwer

Und doch ist's uns gelungen
zu schaffen den Spagat
den gilt es stets zu meistern
wenn Freundschaft halten mag

Selbst wenn die Jahre enden
und wir uns nicht mehr sehen
wird eine von uns im Himmel
am Törchen wartend stehen

Das würde ich mir wünschen
weil schön es war und ist
und weil was ganz Besondres
du ewig für mich bist

*Für meine Freundin seit Kindheitstagen*

© *SophieLi*

## Freund meines Herzens

Im Geiste vereinsamt suche ich,
Kontakt zu dir.
Doch mehr und mehr entziehst du dich,
dem Dialog mit mir.

Deine Antwort bleibt offen,
wo früher Worte flossen.
So trostlos mein Hoffen,
wiederzuerlangen,
was wir einst genossen,
fühl' mich so gefangen,
im „Nicht".

Zur Gänze umschlossen,
von deinen Mauern,
regt sich bei mir von Tränen zerflossen,
das Bedauern,
und verzerrt mein Gesicht.

Freund meines Herzens -
ich bin des Schmerzens
müde!
Dein Rückzug, so rüde,
so brutal.
Was bleibt mir denn als Wahl?
Nur das Trauern?
Das Denken, das Wissen:
Es ist meine Schuld?
Das „mich im Warten verrenken",
das „dich vermissen"
und die Ungeduld?

So unerreichbar fern
scheinst du mir jetzt,
und ich hab dich so gern,
doch was mich am meisten verletzt,
ist dein Schweigen.

Ein schier endloser Reigen,
von Tagen ohne dich,
und eine Reihe von Fragen,
die eigentlich immer dieselbe ist:
Ob du mich überhaupt je vermisst?
Oder bin es nur ich?

© *Evelyn Apfelblüte*

## Sag doch…

Sag
mögen wir ihn nicht
diesen Teil von uns
der heut' anders ist
als noch vor Jahren

Sag
möchten wir bleiben
auch wenn wir gesteh'n
das wir vieles von damals
längst mit andern Augen seh'n

Sag
versteh'n wir die Worte
ergeben sie Sinn
oder hören wir
wie häufig
schon gar nicht mehr hin

Sag
sehen wir's nicht
die Facetten an uns
die verschwanden
im Laufe von Jahren

Sie lösten sich auf
und schwebten davon
fort von dem
was wir einmal waren

Wann hörten wir auf
diese anderen zu sein
die wir mochten
und gern um uns hatten

Wir haben's vergessen
nun machen wir uns rar
sag
geschieht dies mit Absicht
ist am Ende sogar
uns der schleichende Abstand
noch nicht einmal klar

Uns ist kaum mehr geblieben
als nostalgischer Schein
unsere Seelen
sie wandeln
werden schon morgen
anders sein

Das Band
das uns zusammenhielt
ist spröde und verrottet
das warme Gefühl der Verbundenheit
vergessen
längst eingemottet

Sag
was verbindet uns noch
das wüsste ich gern
die Antwort
mein Freund
*ich hör' sie nicht gern*

© *SophieLi*

44

SophieLi
2015

## Rückblick ohne Morgen

In dein Gesicht
will ich nicht schauen
zu sehr
spiegle ich mich drin
und ich weiß
das all des Streites
stets ein Teil
von dir
ich bin

Kann dagegen
gar nichts machen
und
ich will das
auch nicht tun
vergessen hab ich
all die Sachen
hab gelernt
mich
auszuruhen

Von den
Worten
von den
Gesten
von der
Mimik
die ich sah
vieles hat mich
sehr verletzt
war dir fern
und doch
ganz
nah

Manche Dinge
spür' ich jetzt noch
schönes ist
durchaus dabei
Erinnerungen
quicklebendig
leben mich
heut'
wertefrei

Sind verschwunden
unsre Jahre
kommen niemals mehr
zurück
fortgegangen
weggelaufen
entfernten uns
von unsrem Glück

Heute blick' ich
traurig rüber
auf den Menschen
der du bist
der so anders
als ich selbst ist
und den häufig
ich vermiss'

Doch was war
kann niemand ändern
kann man nicht mehr
wiederholen
unsre Launen
unsre Gesten
haben uns die
Zeit gestohlen

Nimm's gelassen
trag's mit Fassung
was geschehen
ist geschehen
unsre Zeit ist
abgelaufen
auf Erden
gibt's
kein Wiedersehen

Das klingt bitter
und ich mein's so
weil ich ehrlich
zu dir bin
denn ich weiß
bereits seit Jahren
das mit uns hat wenig Sinn

Weil
wir zwei vergessen haben
wie das geht
mit dir und mir
was uns bleibt
sind alte Narben
matt
in längst
verblassten Farben

Ich wünsch dir Glück
und alles Liebe
das du zu dir finden magst
daran darfst du niemals zweifeln
wenn der Groll dich heimlich plagt

© *SophieLi*

# Du weg - ich hier

Jetzt bist du weg
und ich bleib' hier
vermiss' dich
bitte glaube mir
warum
ist selber mir nicht klar
vielleicht weil einfach
schön es war

Ich wunder mich
dass ich jetzt leide
und mich an deinem Fortgang weide
ich suhle tief im Trauerpfuhl
es ist nicht schön
und trotzdem
cool

Am Anfang fand ich dich
echt grässlich
ich fand dich einfach grauenvoll
und jetzt
wo ich dich leiden kann
da gehst du weg
durchaus nicht toll

Was soll denn bitte
aus mir werden
so einsam
und allein
so
gottverlassen
fürchterlich
kann Abschied manchmal
sein

Ich glaub'
ich such' mir
einen Neuen
ist besser
*ja*
das denke ich
'nen Netten
für die Zeit nach dir
'nen Lust 'gen
aber
Treuen

Der geht dann
niemals
von mir fort
das wird bestimmt
so sein
ansonsten
*ja*
das schwöre ich
bleib künftig
ich
allein

© *SophieLi*

SophieLi
2015

## Abschied von einem Traum

An langem unerfüllten Wünschen erkrankt,
liegt mein Traum nun im Sterben,
seine Bilder verblassen mehr und mehr.

Das Gesicht meiner Seele verzerrt sich vor Schmerz,
aber ich kann ihn nicht halten,
den Traum, der so wahr für mich war.

Wie eine Hand des Trostes will sich die Realität auf meine Schulter
legen, aber sie wiegt so schwer, dass ich sie kaum tragen, geschweige
denn ertragen kann...
... weil das Wichtigste für mich darin fehlt!

Aber was soll ich tun?
Nichts macht mich hilfloser als das Wissen,
dass alles Festhalten daran sinnlos ist, also lasse ich ihn gehen...

... und träume davon, dass irgendwann ein neuer Traum,
ein größerer, ein schönerer, ein hoffnungsvollerer,
seinen Weg in mein Herz findet.

© *Evelyn Apfelblüte*

## Vom vergessen und finden

Ich schaue aus dem Fenster
und bin schon ganz gespannt
*warum*
das ist doch logisch
weil meinen Traum ich fand

Ich habe ihn gefunden
doch nicht nach ihm gesucht
ich glaub'
dass er zu mir kam
ich selbst
hab's nie versucht

Stattdessen
blieb ich tatenlos
ich harrte wartend aus
ich sah gern in die weite Welt
und blieb im Schneckenhaus

Dort schlich ich durch die Gänge
die einsam war'n und leer
weil all die Lebensfreude
nur selten kam hierher

Die Flure waren öde
und staubig noch dazu
doch trotz der ganzen Ruhe
ging's turbulent meist zu

Ich hatte viele Träume
auch Wünsche war'n dabei
nur
im Laufe meines Lebens
da brachen sie entzwei

Wer kennt nicht das Dilemma
das meist nur dann entsteht
wenn man ganz anders handelt
als einem der Sinn nach steht

Ein jeder tut es
dann und wann
man lässt sich außer Acht
und irgendwann ist man erstaunt
was Alltag aus einem macht

Denn plötzlich sind die Träume
geplatzt wie ein Ballon
mit ihnen auch die Wünsche
*das hat man dann davon*

Das ist doch nicht das Leben
das kann nicht alles sein
ich will und mag's nicht glauben
will unabhängig sein

Will mich nicht weiter binden
an all das was ich soll
denn davon
mal ganz ehrlich
hab ich die Nase voll

Ich kann es gut verstehen
das manches seien muss
doch allzu viel der Zwänge
das schafft mir nur Verdruss

Das Leben ist zum Leben da
zum Lieben und Genießen
lässt Wünsche in Erfüllung gehen
und unsre Träume sprießen

Möchtest du vielleicht auf ewig
durch Schneckenhäuser gehen
und all das schöne Leben
da draußen nicht mehr sehen

Dann guck mal aus dem Fenster
schau raus
was dort geschieht
denn was du hast vergessen
längst zu dir rüber sieht

Mein Traum hat mich gefunden
obwohl er mir entschwand
im ganzen Stress des Alltags
der
*Leben*
wird genannt

© *SophieLi*

**Umdenken**

Was willst du jetzt tun
da dir alles zerbricht
worauf du einstmals
so freudig erpicht
wenn nichts von dem
deinen Wünschen entspricht
das sage mir bitte
*oder weißt du es nicht*

Die Enttäuschung
sie schmeckt bitter
und
du gibst es offen zu
schreist hinaus in alle Winde
*lasst mich heute bloß in Ruh'*

Du erkennst
das alles Lüge
was du selber dir erzählst
und dich heulend
kreischend
fauchend
aus dem schönen Tagtraum „*stehlst*"

Deine Wünsche
nichts als Glitter
süßer Zuckerguss im Traum
Silberregen im Gewitter
warmer Milchkaffee mit Schaum

Dort wo andre weiter wandern
läufst du stets vor eine Wand
doch vor Mauern die verbittern
sieht man selten eine Hand

Eine Hand
die helfend leitet
dort
wo man nicht sehen kann
unbeirrbar voranschreitet
ganz egal
ob Frau
ob Mann

Drum sei tapfer
mutig
aufrecht
geh mit offenem Blick den Pfad
lass dich niemals unterkriegen
schließ dich an
dem Lebensrad

Weißt du
Wünsche können sterben
in dem Kampf der manchmal tobt
nicht im außen
vielmehr innen
nicht zu sehen
wie er stobt

Lass es gar nicht so weit kommen
denke einfach öfters dran
dass es keinen gibt auf Erden
der dir Glück versprechen kann

Ein letztes Wort
möcht' ich noch sagen
und dir schenken für den Weg
dabei wünsch ich mir von Herzen
das zum Denken es anregt

*Manche Wünsche werden Wahrheit*
*lassen zu, dass man sie lebt*
*und sie kommen*
*sei dir sicher*
*wenn man sorglos danach strebt*

© *SophieLi*

## Triumph über sinnloses Warten

Ich warte.

Sonne
zerkocht mir das Hirn,
direkt hinter der Stirn,
verbrennt mir die Haut.

Ich schaue.

Er
wollte längst hier sein,
mit mir im Sonnenschein,
schien mir so vertraut.

Ich hoffe.

Zeit
verrinnt immer weiter,
als Dauerbegleiter,
rennt sie von mir fort.

Ich gehe.

Liebe
lässt nicht auf sich warten,
wird anderswo starten,
nicht an diesem Ort.

Ich sehe.

Ihn
woanders flanieren,
er wird's nie kapieren,
den Stolz einer Frau!

Ich winke.

Er
ruft: "Komm doch zurück!"
Doch er bremst mich kein Stück.
Der Himmel ist blau.

Ich lache.

Freiheit
erfüllt mich mit Freude,
die ich nicht mehr vergeude,
ans Warten auf Glück.

Ich triumphiere.

Sommer:
dem Leben entgegen,
werd ich mich bewegen,
ich schau nicht zurück!

© *Evelyn Apfelblüte*

## Meine Träume

Meine Seele träumt ganz still
weil meine Seele das so will
oft verlassen vor sich hin
allzu häufig ohne Sinn

Die Gedanken fließen munter
manche zieh'n mich unsanft runter
zerren heftig am Gemüt
kannst dir denken
was mir blüht

Manches wag' ich kaum zu hoffen
manches bleibt auf ewig offen
und dann kommt dieser Moment
wo mein Traum ganz plötzlich rennt
weil das Leben sich rasch wendet
und das Monotone endet

Denn ich will nicht stets nur träumen
und mein Dasein halb versäumen
will nicht hoffnungslos verharren
bloß in meine Träume starren
will nicht wünschen
ganz allein
und zum Glück darf's anders sein

Will jetzt raus
hinaus ins Leben
mag nicht nur an Träumen kleben
will jetzt ernten
und nicht sähen
und nach Resultaten spähen
will jetzt endlich was erleben
mich aus meinen Träumen heben

Bin mir sicher
es gelingt
weil
der Mut
die Träume bringt
nicht im Kopf
*nein*
*ganz in echt*
und das ist mein gutes Recht

Denn wer träumt
sein ganzes Leben
kann niemals
nach Großem streben
dessen Traum wird schnell verblassen
was dann bleibt
ist
sich zu hassen
und am Ende wird man gehen
nur der Traum
der bleibt bestehen

© *SophieLi*

SophieLi
2015

## Was ich bin…

Ich bin viele
mehr als einer
eins sind viele
oder keiner
keiner in mir
der's versteht
was gedanklich
sich dort regt

Verworren
klingen meine Worte
jene
die ich endlos horte
weiß nicht
wer genau ich bin
alles Thesen ohne Sinn

Ich bin viele
manchmal keiner
bin nicht deiner
nicht mal meiner
sag mir
wer ich wirklich bin
krieg' das selber
grad nicht hin

Möchte anders sein
als heute
möcht' so sein
wie andre Leute
oder einfach
so wie du
wär' nicht schlecht
ein echter Clou

Mensch
wer bin ich
bin ich was
frag's mich
ohne Unterlass
wer gedenk ich
möcht' ich sein
realer Mensch
mehr
Schein als Sein

Bin heut' dieser
morgen jemand
variier mich ständig neu
ich und die
und niemand anders
bleib am liebsten
selbst uns treu

Ich bin ich
*ist manchmal richtig*
ich bin anders
*und das mag ich*
ich bin alle
*ist nicht schlimm*
ich bin pur
*was soll das nur*

© *SophieLi*

## Gib uns Flügel

Gib uns Flügel, frischer Wind,
trag uns schnell, trag uns geschwind,
zeig aus der Irre uns den Weg,
treib uns an unseren Rettungssteg.

Lass die Wellen höher schlagen,
lass uns Unverhofftes wagen,
gib uns die Kraft zum Weitermachen,
lass uns lieben, leben - lass uns lachen.

Gib uns Flügel, jetzt und hier,
sei stürmisch, mutig, mach uns zum Wir,
tobe um uns, in uns, mit uns weiter,
mach uns glücklich, mach uns heiter.

Gib uns Flügel, frischer Wind,
zeig uns jetzt, wie stark wir sind,
gib uns Liebe, Hoffnung, gib uns Leben,
lass uns jetzt nach Höherem streben.

Lass es uns fühlen, in unseren Herzen,
fege fort aus uns die Schmerzen,
die das Menschsein mit sich bringt,
stürme, bis in uns der Frieden singt.

Gib uns Flügel, frischer Wind,
trag uns schnell, trag uns geschwind,
zeig den Menschen jetzt den Weg,
treib sie an ihren Rettungssteg.

© *Evelyn Apfelblüte*

## Ich wünsch' mir…

Ich wünsch' mir Augen
die verstehen
weit hinter die Kulissen
sehen

Ich wünsch' mir Ohren
die mich hören
und Münder
die mich nicht
verstören

Ich wünsch' mir Ruhe
jederzeit
und eine Portion
Zufriedenheit

Ich wünsch' mir Freunde
mit denen ich lache
und
lauter verrückte Dinge
mache

Ich wünsche mir Stille
für mich ganz allein
möchte einfach in Frieden
einen Moment einsam sein

Ich wünsche mir Licht
und
Luft
und
Liebe
und weniger
verbale Seitenhiebe

Ich wünsche mir Mut
und Offenheit
auf Dinge zuzugehen
und letzten Endes möchte ich
ruhig öfters zu mir stehen

Ich wünsche mir ein langes Leben
mit Menschen die ich mag
danach würde ich gerne streben
am liebsten jeden
Tag

Nun
das ist alles
was ich mir wünsche
*ist es denn nicht genug*
was wünschst du dir
das frag ich dich
doch überlege klug

Denn was am meisten
man begehrt
ist manchmal völlig
grundverkehrt

Dann sucht man eifrig
hier und dort
verschwendet Lebensstunden
und hat sein Glück am Ende dann
noch immer nicht
gefunden

© *SophieLi*

## Versuch's mit einem Lächeln

Versuch's mit einem Lächeln, auch wenn's dir mal nicht gut geht,
dann wirst du bald schon merken, dass dein Wind sich dreht.
Denn wie in einem Spiegel, kommt das Lächeln zu dir zurück,
und damit kann's sich wandeln - auch ein blöder Tag ins Glück.

Auch wenn deine Laune schlecht ist, lad trotzdem alle ein
durch Gesten, Worte und Freundlichkeit, nett zu dir zu sein.
Nimm alle Menschen so, wie sie dich nehmen sollen,
dann kommt ein großer Wandel, auch für deinen Tag ins Rollen.

Versuch's mit einem Lächeln, auch wenn's nicht so einfach ist,
vielleicht hat schon ein anderer, dein Lächeln längst vermisst.
Wirst sehen, er wird's dir danken, und wenn es ihn ansteckt,
dann hast du auch bei anderen, einen guten Tag geweckt.

Grad wenn es dir nicht gut geht, mach aus dem Ich ein Wir,
dann findet auch das Wirgefühl, einen direkten Weg zu dir.
Das Fühlen dieser Wahrheit: „Es geht uns allen gleich.
Wir alle sind nur Menschen, doch zusammen sind wir reich."

© *Evelyn Apfelblüte*

## Ich dürfte...

Ich hab so vieles
noch zu tun
fällt oftmals schwer
mich auszuruh'n
der Tag ist kurz
die Stunden schwinden
muss meinen Eifer überwinden
doch dürft' ich getrost
vor Augen mir halten
des Lebens Zeit
lässt sich ungern verwalten

Ich dürfte ruhig öfters
daran denken
den Menschen und mir
ein Lächeln zu schenken
auch dürft' ich mir erlauben
einmal gar nichts zu tun
denn dann könnte mein Geist
getrost in sich ruh'n

Den ganzen Tag
dürfte ich
ziehen lassen
und all seine Stunden
sinnlos verprassen
ich dürfte endlich mal
nichtstuend
sein

*Mein Gott,*
*wie großartig*
*wär das nicht fein*

Das alles dürfte ich
ruhig einmal machen
wären in meinen Kopf nicht so viele
andere Sachen
die alle wollen erledigt sein
*das Leben ist mitunter*
*unglaublich gemein*

Ihr werdet verstehen
wie's mir damit geht
weil's in eurem Leben wohl
ähnlich steht
wir alle haben unendlich zu tun
und finden kaum Zeit
um uns auszuruhen

Doch wenn wir von Stunde zu Stunde
nur hasten
in der Eile vergessen
auch einmal zu rasten
wenn nur auf die Erfüllung unsrer
Pflichten wir bedacht
na dann meine Lieben
sag ich
*gut' Nacht*

Dann können wir gleich unsere Sachen
packen
und allesamt vorzeitig gehen
weil wir die Schönheit
des Augenblicks
im Eifer
längst nicht mehr sehen

© SophieLi

SophieL
2015

## Manchmal

Manchmal möchte ich mich am liebsten verstecken.
Mich einrollen wie ein Igel.
Winterschlaf halten, wenn der Sommer vor der Tür steht.
Nichts mehr sehen, nichts mehr hören, nichts mehr fühlen.
Vergessen was war.
Die Augen verschließen, vor dem was kommt.

Manchmal wünschte ich, bestimmte Dinge anders gemacht zu
haben.
Oder gar nicht.
Aber alles Geschehene ist geschehen und was noch geschieht, wird
geschehen.
Jetzt schon vermisse ich alles, was ich nicht gesehen, gehört und
gefühlt habe.
Bereue verpasste Gelegenheiten.
Und, dass ich die Augen verschlossen habe, vor dem, was da war.

Manchmal kommt es mir vor, als ob meine Seele blind ist, taub und
stumm.
Weil sie sich vor der Wahrheit versteckt, sich in mir einrollt wie ein
Igel.
Nicht sagt, was sie will.
Dann möchte ich sie befreien. Sie sehen, hören und fühlen lassen.
Mitten im Leben.
Mich öffnen, für alles, was auf mich wartet, und es einladen, bei mir
zu sein.

© *Evelyn Apfelblüte*

## ICH mit mir SELBST

Es gab einen Tag
da dachte ich
*ich will das alles lieber nicht*
denn sie schlug zu
des Schicksals Hand
und nahm von mir
was schön ich fand

Und plötzlich
ohne es zu wissen
fing ich an
mich zu vermissen
den alten Teil
der tief in mir
sich hat zurückgezogen
wer trieb den Keil
ins Jetzt und Hier
hab mich oft selbst belogen

Betrogen vom Leben
so kam ich mir vor
ermüdet vom ewigen Streben
und reumütig ich
oftmals Besserung schwor
meine Worte so süß
wie die Englein im Chor

Und half es nichts
dann flüsterte ich leise
mir selber in mein Ohr
*nun sei wieder gut*
*und hab dich doch lieb*
*der Rest*
*kommt niemals mehr vor*

Ich weinte viel
und tobte auch
das muss ich eingestehen
und Lichtblicke
*nein*
*das tut mir sehr leid*
die konnte ich lange nicht sehen

Erst als ich annahm, wie es war
wurd' die Dunkelheit zum Licht
denn geholfen
das war mir anfangs nicht klar
hat das ständige Leugnen nicht

Ich hab mich erhoben aus mir selbst
bin mutig voran geschritten
hab mich gezerrt
und motiviert
so manches bis heute nicht kapiert
von dem was einst war
und zukünftig wird
will hoffen, dass das
mir nie wieder passiert

Doch wenn schon
*hey*
was soll geschehen
denn langsam hab ich eingesehen

*Die Schmach ist nicht mal hinzufallen*
*und kräftig auf den Arsch zu prallen*

*Nur wer liegen bleibt und resigniert*
*der hat vorm Leben kapituliert*

© SophieLi

## Schattenkinder

Schattenkinder
spielen im Dunkeln
wollen nicht
das man sie sieht
wollen nicht
das man sie findet
und
ins Licht
des Lebens zieht

Schattenkinder
spielen im Dunkeln
da ist niemand
der sie stört
da ist niemand
der sie ärgert
dessen Worte sie verstört

Schattenkinder
spielen im Dunkeln
wollen nur
sich selber sehen
wollen nur
der Stille lauschen
weil sie
andre nicht verstehen

Schattenkinder
spielen im Dunkeln
sind dort meistens
ganz allein
sind dort meistens
mit sich selber
die Welt ist ihnen zu gemein

Schattenkinder
spielen im Dunkeln
weil's im Dunkeln
leise ist
weil's im Dunkeln
sicher ist
weil dort niemand sie
vermisst

Schattenkinder
spielen im Dunkeln
sieht man
ihre Tränen nicht
sieht man
ihre Sehnsucht nicht
sieht nicht
wenn ihre Seele bricht

Schattenkinder
spielen im Dunkeln
spielen dort
ihr Leben lang
spielen dort
bis sie verschwinden
der Schatten
wird ihr Untergang

Schattenkinder
spielen im Dunkeln
hast du
schon mal eins gesehen
hast du
schon mal ausprobiert
die Schattenkinder zu
verstehen

Sie sind
*wie du*
im Licht geboren
voll' Liebe kamen sie
einst an
dann formte man sie
zu einem Wesen
das nur
im Schatten leben kann

Schattenkinder
gibt es reichlich
wer
hinschaut
wird sie schnell entdecken
wollen nicht länger
im Dunkeln
spielen
wollen nicht länger
vor uns
sich verstecken

Also
wenn du eines
von ihnen findest
geh' zu ihm
ignoriere es nicht
denn
Schattenkinder
haben vergessen
wo er liegt
der
Weg ins Licht

© *SophieLi*

SophieLi
2015

## Der Schwindel

Der Schwindel dreht sich immer schneller,
kreist in meinem Kopf wie wild,
nach links, nach rechts und immer heller,
ein Schrei mir aus dem Munde schrillt:

„Menschen! Stop! Seid ihr denn blöd?
Warum seid ihr so abgedreht?
Seht ihr denn nicht was ihr da tut?
Kaum düngt euch Hass, schon spritzt das Blut?"

Wir alle sind nur eine Art!
DIE Spezies unserer Gegenwart,
die ach so schlau sich immer nennt,
und sich in Idiotie verrennt?

Wir haben Vernunft! Wir haben Verstand!
Warum sind wir so hirnverbrannt?
Warum gilt Macht viel mehr als Leben?
Wie viele Kriege soll es noch geben?

Kleinkrieg, Großkrieg, überall,
und Hass und Angst als Widerhall,
auf unseren Straßen, in unsere Köpfen -
wie lang soll uns das noch erschöpfen?

Der Schwindel dreht sich immer schneller,
kreist in meinem Kopf wie wild,
nach links, nach rechts und immer heller,
ein Schrei mir aus dem Munde schrillt:

„Menschen! Stop! Jetzt haltet ein!
Das Leid kann unser Ziel nicht sein!
Wir alle wollen doch nur leben,
und nicht dem Tod entgegen streben!"

© *Evelyn Apfelblüte*

# Ich und Du

*Du kannst dies nicht*
*du kannst das nicht*
hast du häufig mir gesagt
doch wie ich darüber denke
danach hast du nie gefragt

Hab versucht
dich nicht zu hassen
spürte Liebe tief in mir
doch die vielen Seitenhiebe
zerstörten rasch diese Gefühle zu dir

Und am Schluss ist nichts geblieben
von dem Flair, das einmal war
hab seit Jahren dich gemieden
zu groß der Schmerz
*ist dir das klar*

Frag' mich oft
warum's dir schwer fiel
mich zu mögen, wie ich bin
eine Antwort
brächte Frieden
*doch ich zweifle an dem Sinn*

Was hat dich
so werden lassen
bitter
grausam
und gemein
warst doch nicht
von Anfang an so
schließlich warst auch du
mal klein

Möchte wissen, wie sie war
deine Kindheit, zu jener Zeit
vielleicht hast du mir nur gegeben
was sie hielt für dich bereit

*Nein*
ich werd' dich
nicht verurteil'n
für all das
was du getan
denn aus deiner eigenen Sicht
gab es unsere Probleme nicht

Vielmehr
wünsch' ich
Kraft und Stärke
und
dass du auch mir verzeihst
dass ich dich nicht lieben konnte
bei Versuchen blieb es meist

Die Erinnerung wird verblassen
ist schon heute kaum mehr da
blicke selten nur hinüber
auf das
*Ich*
das ich einst war

Das liegt alles
weit zurück
muss nie wieder
dorthin gehen
darf dich endlich
ziehen lassen
und beruhigt
nach vorne sehen

Denn
wenn kleine Herzen brechen
ist es schlimm
*das glaube mir*
können selten sich nur wehren
gegen Worte
von Menschen
wie dir

© *SophieLi*

SophieLi
2015

**Worte tun weh...**

Die Sätze
von eben
tanzen leise
durch den Raum
indem wir sind
jedes Wort
tritt an die Reise
schwebt hinfort
leicht
wie der Wind

Was wir sagten
klang verbittert
traf uns mitten
in das Herz
auch
wenn wir's
jetzt von uns weisen
nichts davon
war bloß ein
Scherz

Hätten wir
nicht
schweigen können
sag
was wäre
dann geschehen
konnten wir
nicht
ohne Worte
friedlich
auseinandergehen

Mussten wir uns
so verletzten
mussten wir das
wirklich tun
schlugen uns mit
unsren Sätzen
keiner ließ den
andren
ruh'n

Schweigend
steh'n wir
voreinander
alle Hiebe
sind verteilt
niemand ist
am Ende Sieger
ob die Wunde
jemals
heilt

Lautlos
starren wir zum andern
gaffen
glotzen
Blicke wandern
zynisch
lächeln wir uns
an
das jemand wie
wir
mit ruhigem Gewissen
überhaupt
noch lächeln
kann

Für heute reicht's
will nichts mehr
sagen
will nichts hören
oder seh'n
will ganz einfach
das wir beide
nicht länger
beieinander steh'n

Drum behalt'
die Worte
bei dir
will sie nicht
und auch nicht dich
will nicht lauschen
der Verletzung
will auch nicht
verletzen
dich

Worte
sind die
schlimmste Strafe
stellen bloß
und tun oft weh
geben viel
und nehmen alles
schweigen
wär' manchmal
die bessre Idee

© SophieLi

SophieLi
2015

## Nachtgesellen

Finstre Schatten schleichen wispernd
unruhig um mein Bettgestell
das bemerke ich mit Schrecken
denn im Zimmer ist's noch hell

Trotzdem
bleib ich mutig liegen
*von denen*
*wird mich keiner kriegen*
kneife beide Augen zu
bin ganz still
so hab ich Ruh'

Weiß nicht, wer die Schatten sind
die da huschen um mich rum
die mit kalten Geisterfingern
sanft um meine Füße schlingern

Die Gestalten sind erschreckend
machen mich ganz Angst und Bang'
auch wenn ich durch meine Decke
gar nicht so viel sehen kann

Tapfer liege ich im Dunklen
und dann seh' ich dieses Funkeln
kneif' die Augen fester zu
lässt mich trotzdem nicht in Ruh'

Dieses Funkeln
dieses Schimmern
dieses tausendfache Glimmern
und dazu das leise Munkeln
jenes Flimmern
jenes Schunkeln

*Na*
*das kann ja wohl nicht*
*wahr sein*
denke ich mit viel Verdruss
das ich ausgerechnet jetzt
auf das Örtchen gehen muss

Doch bevor ich weiter sinne
mir im Geiste Arges spinne
leert sich meine Blase schnell
in das warme Bettgestell

Mein Gesicht wird langsam rötlich
der Geruch ist beinah' tödlich
und ich schäme mich ganz doll
*hab die Nase wirklich voll*

Tapfer streck' ich meine Hand
an der Decke weichen Rand
heb' sie langsam dann empor
komm mir reichlich blöde vor

Was ich sehe
ist mein Zimmer
und schon wieder diesen Schimmer
der mir scheint in mein Gesicht
was es ist
*ich weiß es nicht*

Werd's auch niemals mehr erfahren
weil ich wach geworden bin
*und die Schatten in dem Raum*
eingesperrt
in meinen Traum

© *SophieLi*

## Die Zitterspinne

Die Zitterspinne zittert „Oh!",
sitzt über mir im Gäste-Klo.
Schützt ihren Nachwuchs in den Weben,
lässt hundert kleine Spinnen beben.

Sitzt in der linken Raumes-Ecke,
über mir dort an der Decke,
glotzt runter mit diversen Augen,
als wollt' sie mir das Mark entsaugen.

Doch ihre Beute bin ich nicht!
Ich bin ein Mensch, hab ein Gesicht!
Hab Arme, Beine, Füße, Knie,
und so was essen Spinnen nie.

Doch wächst in mir das Unbehagen,
warum genau, kann ich nicht sagen.
Ein Grund – ja, dies könnt einer sein:
Sie sind so viele, ich bin allein.

Was ist, wenn sie einmal vergessen,
dass sie doch keine Menschen fressen?
Was ist, wenn sie zu Monstern werden,
oder schlimmer – Monsterherden ?!

„Arachnophobia!", schrei ich dann,
als ich mich grad noch retten kann.
Hinaus aus meinem Gäste-Klo,
die Tür sich schließt, und ich bin froh!

© *Evelyn Apfelblüte*

# Die Angst

Die Angst
hockt fest in
meinem Nacken
sie zerrt und beißt
kann sie nicht packen

Ich
hab sie
gar nicht
eingeladen
ganz plötzlich
war sie da
sie zwickt und zwackt
sie kribbelt auch
ich mag sie nicht
*wie wahr*

Bis
grade eben
ging's mir gut
ich konnt' mich nicht
beklagen
mein Herz
war angefüllt mit Mut
*als ich tat*
*was man so tut*

Ich glaub
als ich zu sicher war
und mich ein Wagnis traute
da dachte die Angst
es wär' gar nicht schlecht
wenn sie kurz
nach dem Rechten schaute

Denn plötzlich
kam sie angerannt
auf leisen
Schattensohlen
sah schweigend mich an
*ich war wie gebannt*
ihre Augen
zwei
glühende Kohlen

Seitdem
hat sie sich
eingeschlichen
ist nicht
von meinem Hals gewichen
je fester
ich sie von mir dränge
je fester
schließt sie ihre Fänge

Empört
senke ich den Blick
und
denke daran
was für eine Plage
diese Angst
doch häufig seien
kann

Die Angst
sie ist schwarz
und dunkel auch
sie sitzt im
Kopf
sie sitzt im
Bauch

Und immer
wenn es gut mir geht
sie unerwartet
vor mir steht

Schleicht einfach
aus dem Nichts hervor
und
krabbelt dann
an mir
empor

*Nein*
ich will nicht
länger Ängsten frönen
stattdessen
will ich
mich versöhnen
mit diesen schwarzen
Nackenbeißern
*den unliebsamen*
*kleinen*
*Scheißern*

© *SophieLi*

## Knecht Ruprecht, mein Spinnentier

Knecht Ruprecht heißt mein Spinnentier,
es krabbelt gerade hin zu dir,
acht lange Beine Schritt für Schritt,
da schreist du schon: „Oh, nein! Igitt!"

Knecht Ruprecht hat ganz schwarze Zotteln,
und er kann recht langsam trotteln,
aber auch ganz schrecklich heizen.
Oh, das würde dich so reizen!

Würdest kreischen, würdest springen,
vor Spinnen-Ekel Lieder singen,
„Los, mach es tot, das blöde Vieh!
Wenn's mich erreicht! Verzeih's dir nie!"

Doch würd' ich Ruprecht nie was tun,
denn ihm zu Dank kann ich hier ruh'n,
in meinem stillen Arbeitszimmer,
ohne ständ'ges Frauengewimmer.

Denn Ruprecht wacht' hier Tag und Nacht,
Stund' um Stund', die ich verbracht,
in meinem stillen Freiheitsraum,
und du lässt dich hier blicken kaum.

Dank Ruprecht, meinem Spinnentier,
wagst du dich seltenst her zu mir,
du rufst mich nur noch hin zum Essen,
sonst kann ich dich getrost vergessen.

© *Evelyn Apfelblüte*

# Hindernisse

In den letzten vierzig Jahren
hab ich vieles schon gesehen
manchmal zog ich
schnell dran weiter
manchmal blieb ich
länger stehen

Vieles
fand ich richtig unfair
und hab häufig nicht kapiert
warum
so mancher Alltagsstuss
gerade mir
passieren muss

Heute weiß ich
das war wichtig
hat mich positiv gestärkt
doch an manchen
bitteren Tagen
hab ich das wohl kaum
bemerkt

Ich glaub
so geht es
allen Menschen
ganz egal
ob klein
ob groß
in der
Lotterie des Lebens
will halt jeder
den
Joker im Los

Doch die meisten
ziehen Nieten
vielmehr
glauben sie daran
dass im bitteren Ernst
des Alltags
nicht viel Schönes
seien kann

Verbissen stapfen sie
durchs Leben
in den Augen lodert Wut
und sie haben
längst vergessen
wie gut
Gelassenheit oft tut

Ich bin froh
dass es im Leben
geht bergauf
und mal bergab
denn wie soll ich
weiter kommen
wenn ich keine Hürden hab

Darum
nehm' ich jede Mauer
jeden Zaun
und
jede Schranke
zieh mich mutig dran
empor
auch wenn ich
*wie du*
mal wanke

Denn
mit Bitterkeit im
Herzen
und mit
Hass
und
Wut
und
Zorn
kommt man selten
weit im Alltag
fängt dann täglich an
von vorn

Und
trotz mancher
bittrer Leiden
kann das Glück nicht
ständig bleiben
muss gelegentlich
auch gehen
woanders
nach dem Rechten seh'n

*Heute kann ich das verstehen!*

© *SophieLi*

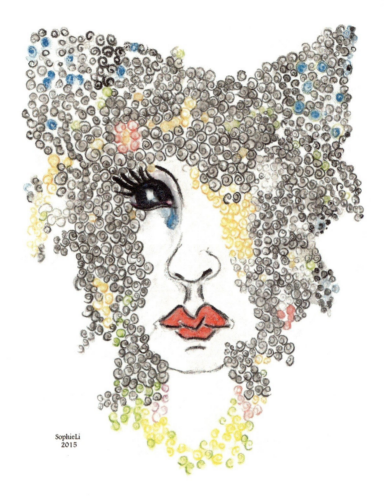

## An manchen Tagen

An manchen Tagen,
sind die antagonistischen Kräfte so stark,
stellen sich dir in den Weg,
wie unüberwindbare Mauern.

Sie zementieren sich vor deine Nase,
und tun so,
als hätten sie immer dort gestanden,
wollen dir weismachen,
dass du sie vorher nur nie gesehen hast.

Dann stehst du da,
und weißt nicht, was du tun sollst,
um daran vorbeizukommen.

Du weißt, dass auf der anderen Seite,
etwas ist, das dir wichtiger ist,
als alles andere.

Aber du siehst keinen Weg,
dorthin zu gelangen.
Da kann dein Wille, noch so stark sein,
dein Fühlen, noch so begründet erscheinen,
an manchen Tagen, lassen die Mauern dich nicht vorbei.

Dann bleibt dir nur das Hoffen,
auf bessere Tage.
Das Sehnen nach dem Moment,
in dem sich ein Schlupfloch auftut.
Das Warten auf eine Zeit,
in der du dein Ziel erreichen kannst.
Und irgendwann wird diese Zeit kommen.

© *Evelyn Apfelblüte*

## Tränen

Tränen sind
der Seele Pfand
geflochten aus gar zartem Band
das fest mit unserm Herz verbunden
geleitet uns
in vielen Stunden

Doch Tränen
sind nie losgelöst
von dem
was man Empfindung nennt
sie fließen
wenn die Zeiten schön sind
und
wenn's im Alltag einmal brennt

Manch' Träne ist
das Salz des Lebens
ohne sie
kann niemand sein
lassen freudig
uns erheben
schmerzen grausam
schaffen Pein

Tränen sind
ein Wink des
Schicksals
lassen spüren
wie's uns geht
wie's um manche
Bauchentscheidung
letzten Endes wirklich steht

Auch sind Tränen
kleine Tropfen
die mit Eifer von uns gehen
manche
dieser kleinen Dinger
sind mitunter
kaum zu sehen

Allein weil Tränen
fließen können
an dem Ort
wo Leiden wohnt
ist es besser
hinzuschauen
weil ein Wegsehen
kaum sich lohnt

Denn jede Träne
die geflossen
ist
aus unsrer Lebenszeit
hat durchspült
den Raum der Seele
fortgeschwemmt
die Traurigkeit

Diese ist
der Tränen Schwester
oder Bruder
wie man mag
und sie lebt in dir
seit ewig
bleibt bis hin
zum jüngsten
Tag

Jedoch
die Tränen
Gondeln fahren
auf dem Fluss
hinaus aus dir
mit der Traurigkeit
als einz'gem
stillen
Schwermutspassagier

*Dann erinner' dich*
*daran*
*wie schön dein Leben*
*seien kann!*

© *SophieLi*

**Das Ende der Lok**

Es brennt
die Lok.
Sie bleibt
auf ihrer Schiene
und fährt mit starrer Miene
weiter.

Die Leute rufen: „Halt!",
bis die Maschine knallt.
Bald schon schießen Flammen hoch,
doch die Lok auf ihrer Schiene,
verbleibt mit starrer Miene,
auf ihrer alten Spur.

„Bleib stehen und lass dich löschen,
sonst ist's mit dir vorbei!"
Rufen Schaffner aus dem Zug.
Die Menschen springen,
plötzlich ab,
sie haben nun genug!
Der Lok ist's einerlei…

Sie steht und brennt
auf ihrer Spur
von Weitem sehn's die Vögel nur.
Sie harrt in schwarzem Ruß.
War klar, dass weil sie
war so stur, nun schrottreif
enden muss.

© *Evelyn Apfelblüte*

## Licht am Ende der Straße

Am Ende jener Straße
da entdeckte ich ein Licht
niemand wusste
wer dort lebte
auch ich selber
wusst' es nicht

Also folgte ich dem Asphalt
seine Kiesel taten weh
bohrten sich
ganz unerbittlich
immer tiefer
in den Zeh

Und ich fragte mich
beim Laufen
was mir Schlimmes
geschehen kann
und das ich Ruhe haben wollte
nicht für immer
nur
dann und wann

Das
Licht vor mir
ganz fest im Auge
lief ich
unbeirrt hinfort
ging hinweg
von einem anderen
allzu sehr
betrübten
Ort

*Ja*
den würd' ich gern
verlassen
war schon immer
drauf erpicht
hab mich mehrmals
fortgeschlichen
doch gegangen
bin ich nicht

Unterwegs entdeck' ich
Menschen
die genauso sind wie ich
die nicht wissen
wo sie hin soll'n
doch behalten sie's für
sich

Reih mich ein
in diese Masse
die wie Motten
zieh'n zum Licht
manche reden
manche schweigen
interessieren tut's mich
nicht

Will nur eines
endlich frei sein
nicht mehr länger
in mir steh'n
will die Hülle
von mir reißen
will die
Lebensfreude
seh'n

Also heb' ich
meine Füße
tapfer vor
und mal zurück
denn zum Licht
das weiß ich sicher
ist's nur noch
ein kleines Stück

Angekommen bin ich
niemals
wandre immer noch
umher
denn das Ziel
ganz fest zu packen
ist mitunter reichlich
schwer

Doch ich lass mich
nicht beirren
geh' entschlossen
stets voran
weil ich weiß
wenn ich am Ball bleib'
komm ich irgendwann
dort an

© *SophieLi*

SophieLi
2015

## Blick zurück

Wenn ich eines Tages
blick' zurück auf meine Zeit
kurz bevor ich dann verschwinde
in die weite Ewigkeit

Dann will ich mich dran erfreuen
was ich Schönes hab getan
was ich eifrig ausprobierte
was ich tat mit viel Elan

Ich werd' sehen, wie ich hinfiel
nicht nur einmal
nein, ganz oft
denn trotz aller Sicherheiten
kam das Schicksal unverhofft

Ich weiß schon jetzt
ich werde stolz sein
wenn ich auf mein Leben blicke
und zufrieden mit dem Anblick
lächelnd mit dem Kopfe nicke

Kannst auch du das von dir sagen
wirst du glücklich sein damit
oder gibst du deinem Leben
dann den letzten
Abschiedstritt

Ist nicht schlimm
du kannst's noch ändern
drehe einfach an den Sendern
und verstell die Perspektive
von der Ebnen in die Schiefe

Denn nichts ist schlimmer
als zu warten
auf den richtigen Moment
wenn man gar nicht mehr bemerkt
wie die Lebenszeit
wegrennt

Drum tu' Dinge
die dich freuen
die du niemals wirst
bereuen
lege dafür einfach los
glaub mir
das wird

GRANDIOS!

© SophieLi

## Wenn Menschen gehen

Wenn Menschen gehen,
dann bleiben wir stehen.

Wir harren.
Wir schweigen.
Wir trauern.
Wir schreien.
"Ein Tod, im Leben, er sollte nicht sein!"

Wenn Menschen gehen,
können wir sie nicht wiedersehen.

Nur die Erinnerung bleibt.
All das Schöne, was sich uns ins Gedächtnis schreibt.

Ihr Schmunzeln.
Ihr Lachen.
Ihr Singen.
Ihr Freuen.

All diese Dinge, die wir niemals bereuen -
sie sollen ihnen folgen, wohin sie auch gehen.
Damit sie es wissen und damit sie es sehen.
Wir denken an sie - heute, morgen und immerdar.
Denken: „Oh, was für ein wunderbarer Mensch das war!"

© *Evelyn Apfelblüte*

In Erinnerung an meinen Großvater
H.B.
Bild von 1971

*SophieLi*

**Die Poesie in mir**

Ich
bin kein Dichter
bin kein Denker
*nein*
ich bin ganz einfach
*ich*

Und dieses
*Ich*
das spür' ich deutlich
und
mit wohligem Genuss
liebt das Schreiben
*ach was sag ich*
kann' s nicht lassen
weil es muss

Denn die Worte
tief in mir
wollen raus
aufs Blatt
Papier

Darum
sitz' ich hier
und schreibe
geht mir vieles
durch den Sinn
komm ich dabei
auch
ins Stocken
weiß ich doch
*ich krieg' das hin*

Denn
wenn ich fühle
was das Schreiben
tief
in meiner Seele macht
wie die
Leidenschaft der Worte
die Poesie
in mir entfacht

Dann
spür' ich deutlich
dass sie da sind
und
auf ewig mir gehören
das die
Melodie der Zeilen
niemals meinen Frieden
stören

Ich hab meine
Lust gefunden
still sie fortan jeden Tag
schenk' die Verse
jedem Menschen
der sie
auch gern hören mag

Also nimm sie
lass dich treiben
weit in meine Dichterwelt
lass die Lyrik
auf dich wirken
spür'
wenn auch dein Herz
sich erhellt

Vielleicht
reichst du
sie dann weiter
an einen
der sie brauchen kann
muss nicht heut' sein
auch nicht morgen
*tu es*
*einfach*
*irgendwann*

© *SophieLi*

# Jetzt geh' ich zurück ins Zauberland

Jetzt geh' ich zurück ins Zauberland
kneif' beide Augen zu
schließ' dadurch meine Umwelt aus
dann hab ich etwas Ruh

Sag, willst du
vielleicht mit mir gehen
dorthin wo Zauber wohnt
wo alle Wesen lieblich sind
ich weiß, dass es sich lohnt

Jetzt geh' ich zurück ins Zauberland
die Reise ist nicht weit
ich schleich' mich durch den Träumerwald
nur Stille weit und breit

Jetzt geh' ich zurück ins Zauberland
die Grenzen kann ich seh'n
die Lichter von des Turmes Wand
wo Fahnen luftig weh'n

Jetzt geh' ich zurück ins Zauberland
nicht lang, dann bin ich da
ich schnapp mir meinen Federkiel
und schreibe
*ist doch klar*

Im Zauberland
im Träumerwald
da bin ich gern zu Haus
dort schalte ich mit Hochgenuss
die Alltagssorgen aus

© *SophieLi*

## Selbsterkenntnis einer Leserin

Sie glaubt den Dichter zu kennen,
durch das, was er schreibt.
Doch das ist eine Illusion.

Denn sie kennt nicht ihn,
sondern nur ihre Interpretation dessen,
was er geschrieben hat.

Sie hat ihn nie gekannt,
vielleicht nie verstanden,
sondern nur sich selbst besser kennengelernt,
durch seine Worte.

© *Evelyn Apfelblüte*

SophieLi
2015

# Danksagung

❧❧

Allen voran danke ich Dir, SophieLi, ganz herzlich dafür, dass Du
die „Apfelblüten Symphonie" mit mir zusammen „komponiert"
hast, und das in dieser unglaublich kurzen Zeit!
Wie Du schon gesagt hast – ich sehe es genauso:
Es sollte einfach so sein, dass dieses Buch entsteht!
Ich freue mich jetzt schon darauf, noch viele weitere Werke wie
dieses mit Dir zu schaffen.

Und allen meinen Lieben, Familie und Freunden, die mich in dieser
arbeitsreichen Zeit unterstützt und öfter mal ein Auge zugedrückt
haben, wenn es darum ging, pünktlich zum Essen oder zu
Verabredungen zu erscheinen, danke ich von ganzem Herzen!
Ich hoffe, dieses Buch entschädigt Euch ein bisschen dafür, dass ihr
mich so oft entbehren musstet.
Ein ganz großes DANKE für Eure Geduld.

Ganz besonderer Dank gilt meinem über alles geschätzten, sehr
guten Freund und Autorenkollegen Nico. Dafür, dass Du mich
immer wieder ermutigt hast, die Gedichte nicht in der Schublade
versauern zu lassen, für Deine Zeit, Deine Hilfsbereitschaft, Dein
Engagement, und dafür, dass Du das Cover dieses Buches so
wunderschön gestaltet hast.

Eure *Evelyn Apfelblüte*

Wenn alle Dinge sind benannt
und auf den Punkt gebracht
vermag ich Weiteres zu sagen
was neue Worte schafft?

Ich danke Dir für Deinen Mut
die Träume anzugehen
die beide wir im Geiste spinnen
und hinter ihnen stehen!

Und allen andren sage ich
mit einem Lächeln im Gesicht

*Mocht' rar ich sein*
*so manches Mal*
*bös meinte ich es nicht!*

Alles Liebe, *SophieLi*

SophieLi
2015

# Über die Autorinnen

৵৽

Hinter den Pseudonymen „*SophieLi*" & „*Evelyn Apfelblüte*" verbergen sich zwei Frauen aus den Jahrgängen 1973 & 1981.

Während *Evelyn Apfelblüte* bereits einige ihrer Kurzgeschichten in Literaturzeitschriften und Anthologien veröffentlicht hat, handelt es sich bei der „Apfelblüten Symphonie" um *SophieLis* Schreibdebüt.

Die Autorinnen lernten sich 2015 an der *Schule des Schreibens* der Hamburger Akademie für Fernstudien kennen und entschieden sich schnell für die Umsetzung eines gemeinsamen Projekts. Für beide ist es die erste Buchveröffentlichung.
Eine Fortsetzung der „Apfelblüten Symphonie" ist im Herbst 2016 geplant.

Die Autorinnen schreiben über alltägliche Widrigkeiten, aber auch über die glücklichen, teilweise nachdenklichen Momente des Lebens. Mal mit Humor, mal mit Melancholie betrachtet.

**„Apfelblüten Symphonie" - Ein Buch über das Leben!**

৵৽

Hat Ihnen unser Gedichtband gefallen und konnten Sie ein Stück Ihres eigenen Alltagsgeschehens in den Texten wiederfinden? Dann schreiben Sie uns. Wir sind gespannt!

**autorenduo-apfelblueten-symphonie@web.de**

Herzlichst,

Ihre *SophieLi & Evelyn Apfelblüte*

ISBN 978-3-7375-6758-9

9 783737 567589

www.epubli.de